로그아웃되지 않은 유령

임세훈 제3시집

시사랑음악사랑

시인의 말

법의 언어와 '시의 침묵' 사이에서, 나는 쓰기 시작했다. 누군가의 침묵은 증거가 되지만, 시에서는 고요가 가장 큰 목소리다. 법학 전공자인 나와, 밤마다 울리는 언어의 서성임을 받아 적는 나 사이엔 언제나 하나의 벽이 있었다. 이번 시집은 그 벽에 새긴 균열들이다.

나는 한 번도 완전히 로그아웃된 적이 없다. 창을 닫아도, 기기를 꺼도, 어딘가에 남겨진 흔적은 나를 유령처럼 떠돌게 했다.

이 시들은 지워지지 않는 알림처럼, 읽히지 않은 메시지처럼, 내 안에서 깜빡이며 나를 불렀다.

첫 시집 『세월은 지워져만 가고』에서 시간과 기억의 흐름을 붙잡고, 두 번째 시집 『거울 속의 다른 나』에선 내면의 자아를 마주했다. 산문집 『밀알들의 이야기』에서는 삶의 작고 따뜻한 조각들을 말없이 건네며, 독자들의 일상 속 불빛이 되고자 했지만 많이 부족했으리라 본다.

이번 세 번째 시집은 "로그아웃되지 않은 유령"으로 나의 세 번째 자화상이다.

당신이 이 페이지를 펼치는 순간, 나의 유령은 잠시 로그인 된다. 그리고 당신의 마음에 조용히 말을 건넨다.

시인 **임세훈**

- 목차

기억의 냉장고 8
로그아웃되지 않은 유령 9
내 안의 벽 10
내 안의 실종 신고서 11
세상은 대단한 쇼 12
그들만의 세상 13
엘리베이터에 갇힌 시간 14
세상은 지구의 농장 15
공정한 경주 16
인력은행 17
신호등은 누구를 기다리는가 .. 18
상상의 바다 19
네온의 폐허 20
사라지는 계절들 21
멀어지는 소음의 모양 22
의미 없음의 기술 23
분노의 색조 팔레트 24
업데이트 중 25
택배 박스의 진실 26
혈연은 무늬다 27

투명인간 연대기 28
나는 총소리를 들은 적 없다 .. 29
웃음의 가면 30
산은 아무 말이 없다 31
마지막 재봉질 32
거울은 셀카를 찍지 않는다 .. 33
시간이 나를 기억 못할 때 .. 34
할인된 슬픔 35
말로 다 하지 못한 것들 36
냉장고 속 별 37
느림의 미학 38
진동 모드의 심장 39
넘어진다는 건 40
이름 없는 하루들 41
달의 뼛조각을 주운 날 42
출근은 단어가 아니다 43
누가 아프다 말했는가 44
같은 방, 다른 계절 45
꿈을 재생하는 기계 46
이름 없는 별 47

지도에서 지워진 풍경 … 48	계란후라이의 철학 … 68
퇴근길의 고백 … 49	혼자 있는 밤의 기술 … 69
주름진 자화상 … 50	존재의 안쪽 … 70
형광등 아래 별 … 51	바람과 대화하다 … 71
거울이 거절한 얼굴 … 52	꿈속의 풍경 … 72
핏줄은 물보다 진한 상처 … 53	고요한 무중력 … 73
말 없는 칼날 … 54	우산의 독백 … 74
감정은 수집될 수 있을까 … 55	거짓말처럼 예쁜 날 … 75
우울을 재배하는 정원사 … 56	디지털 속 고독 … 76
부재의 흔들림 … 57	도시 속 자연의 침묵 … 77
불면을 입은 집 … 58	엘리베이터의 사색 … 78
자동 판매기 속 슬픔 … 59	무언의 일상 … 79
꿈의 무게 … 60	컵라면의 시간 … 80
네온 아래의 속삭임 … 61	기억의 파편들 … 81
비는 텅 빈 자에게만 내린다 … 62	분노의 온도 … 82
찢긴 책갈피 … 63	체온의 기억 … 83
포장된 외로움의 도착 … 64	꿈의 끝자락 … 84
화장대 앞에서 … 65	문틈의 세계 … 85
장롱 속 유년기 … 66	무음의 고백 … 86
불발된 슬픔의 자리 … 67	과거에 갇힌 공간 … 87

- 목차

달의 체온 88
두 개의 자아 89
서랍의 기억 90
우주적 미소 91
안경의 풍경 92
침묵하는 거울 93
감정의 롤러코스터 94
꺾인 감정의 구조 95
사랑의 화학반응 96
열림의 숙명 97
별에게 말을 거는 법 98
말하지 못한 고백 99
보이지 않는 별 100
닫힌 기억의 울림 101
감정의 잔량 102
부재의 구조물 103
숨겨진 말 104
청소기의 기도 105
빈자리 106
그리움이 피는 방식 107

감정의 반사면 108
고의로 남긴 상처 109
뒤집힌 낮 110
피어난 마지막 인사 111
되돌아보는 발자국 112
되돌아온 편지 113
세탁되지 않은 하루 114
남은 손글씨 한 줄 115
사라진 주파수 116
먼 궤도 117
멈춘 시계의 오후 118
풍경 소리 119
흐려진 마음의 경계 120
숨겨진 말의 그림자 121
빈자리에 남은 흔적 122
멈춘 만년필 123
뒤집힌 낮의 꿈 124
어긋난 감정의 형상 125
손목시계 126
입술보다 붉은 마음 127

(QR코드) 스마트폰으로 QR 코드를 스캔하면
시낭송을 감상할 수 있습니다

제목 : 기억의 냉장고
시낭송 : 박영애

제목 : 로그아웃되지 않은 유령
시낭송 : 박영애

제목 : 내 안의 벽
시낭송 : 박영애

제목 : 마지막 재봉질
시낭송 : 박영애

제목 : 말로 다 하지
　　　못한 것들
시낭송 : 박영애

제목 : 느림의 미학
시낭송 : 박영애

제목 : 꿈의 무게
시낭송 : 박영애

제목 : 찢긴 책갈피
시낭송 : 박영애

제목 : 바람과 대화하다
시낭송 : 박영애

제목 : 무음의 고백
시낭송 : 박영애

제목 : 닫힌 기억의 울림
시낭송 : 박영애

제목 : 그리움이 피는 방식
시낭송 : 박영애

제목 : 피어난 마지막 인사
시낭송 : 박영애

제목 : 숨겨진 말의 그림자
시낭송 : 박영애

제목 : 빈자리에 남은 흔적
시낭송 : 박영애

제목 : 멈춘 만년필
시낭송 : 박영애

제목 : 입술보다 붉은 마음
시낭송 : 박영애

본문 시낭송 모음

영상은 YouTube 정책 또는 운영 관리에 따라 삭제될 수도 있습니다.

시인은 자연을 이야기하고 시낭송가는 자연을 품었다
글자는 날개를 달아 언어로 날고 소리는 자연에 눕는다

기억의 냉장고

서랍 속 양말처럼
날도 채 피지 못한 말들이 접혀 있다
기억은 유통기한 지난 감정
곰팡이 핀 눈물이 쌓여간다
나의 과거는 자주 정전되곤 했다
잊고 싶은 것들이 먼저 밝아지고
붙잡고 싶은 것들은
검게 타들어갔다
너의 이름도
이제는 먼지 낀 라벨처럼 흐릿해
나는 오늘도
속이 빈 시간들을
유리문 너머로 들여다본다.

제목 : 기억의 냉장고
시낭송 : 박영애
스마트폰으로 QR 코드를 스캔하면
시낭송을 감상할 수 있습니다

로그아웃되지 않은 유령

그는 죽었지만
프로필 사진은 여전히 웃고 있다
메신저는 그의 이름 아래
'접속 중'이라 말하고
시간은 아무것도 잊지 못한다
추억은 알고리즘의 알림이 되고
이별은 하트 이모지로 요약된다
장례식은 이제 타임라인 위에서 열린다
우리는 검은 리본 대신
댓글로 조의를 표한다
죽음조차 로그아웃되지 않는 이 세계
그의 마지막 흔적은
비밀번호가 되어 남았다.

제목 : 로그아웃되지 않은 유령
시낭송 : 박영애
스마트폰으로 QR 코드를 스캔하면
시낭송을 감상할 수 있습니다

내 안의 벽

사람들은 나를 향해 웃고,
나는 그 웃음에 고개를 끄덕인다.
그러나 그 사이에는 보이지 않는 벽 하나.
말을 하려다 멈추고,
마음을 내밀다 손을 거둔다.
그럴 때마다 나는 안으로, 더 깊은 안으로 숨는다.
내 안의 벽은 투명하다.
그래서 아무도 모른다.
그 벽이 얼마나 두껍고,
얼마나 오래된 것인지.
어쩌면 나 자신도 잊고 있었는지 모른다.
내가 그 벽을 세웠다는 것을.
내가 그 안에 갇혀 있다는 것을.
오늘, 나는 벽 앞에 선다.
손끝으로 벽을 더듬는다.
차갑지만, 무너지지 않는 건 아니다.
조금씩, 천천히,
금이 간다.
빛이 들어온다.

제목 : 내 안의 벽
시낭송 : 박영애
스마트폰으로 QR 코드를 스캔하면
시낭송을 감상할 수 있습니다

내 안의 실종 신고서

어느 날 나는 나를 잃어버렸어, 그건 길 위에서가 아니라, 내 안에서 사라진 실체였지
그래서 나는 나 자신에게 실종 신고서를 접수했어, 이름, 표정, 감정, 웃음 하나씩 서랍에서 사라진 후,
거울을 마주했지만 그 속의 나는 모르는 사람의 얼굴을 하고 있었고 익숙했던 나의 목소리조차 낯설게 들렸어
하루가 지나고 또 하루가 지나도 그 누구도 나를 데리러 오지 않았고
기억은 증발하고 감정은 검은 연기처럼 퍼졌어
무의미가 나보다 먼저 수색을 시작했고 나는 그 안에서 놀라울 만큼 잘 숨어 있었다.

세상은 대단한 쇼

세상은 한 편의 대단한 쇼의 장.
관객들은 모두 숨죽이고,
무대 위에서는 연기하는 자들이
말없이 주고받는 손짓과 눈빛.
그들이 늘 하는 일은,
언제나 똑같다.
주인공이 등장하면
박수 소리가 나고,
악당이 등장하면
관객들은 혀를 차고,
배우들은 그저 스포트라이트를 기다린다.
어쩌면 우리는 모두
그 쇼의 배우일지도 모른다.
자기 자리에서, 자기 역할을 맡고
그저 살아갈 뿐.
하지만 정말 중요한 건
누가 감독이고,
누가 무대 뒤에서
모든 것을 조종하고 있는지,
그 누구도 알지 못한다.

그들만의 세상

그들은 높은 곳에서 내려다본다.
구름 위에서 커피를 마시며,
세상은 어떻게 돌아가는지
별다른 관심 없이
손끝 하나로 조작하는 게 그들의 일.
우리는 땅에 발을 딛고,
가끔 그들을 올려다보며
"그들은 행복할까?"
하지만 그들이 말한다.
"너희는 너무 불쌍하다.
이 모든 것은 네가 원하는 대로 돌아간다."
그들은 "자유"라고 외친다.
그러나 그 자유는
그들의 금고 안에 담겨 있다.

엘리베이터에 갇힌 시간

엘리베이터 안의 공간은 작지만 그곳에 흐르는 시간은 멈춰 있었다
사람들은 층수를 올라가지만 기억은 늘 같은 자리에 머물렀고
거울 속의 나는 어제와 오늘을 복사한 표정으로 서 있었다
눌러진 버튼은 목적지를 향한 약속 같았지만 그 누구도 그 약속을 믿지 않는 눈빛이었다
같은 음악, 같은 냄새, 같은 침묵의 엘리베이터는 도시의 폐 속에서 조용히 무기력하게 숨을 토해냈다
나는 그 속에서 정지된 일상을 벗어나지 못한 채 반복되는 감정만을 되새겼다.

세상은 지구의 농장

우리는 세상의 주인이라 믿지만,
사실 우리는 지구의 농장에서
그저 키워지고 있는 가축들일 뿐.
아침마다 울리는 알람 소리는
우리의 급여 시간이 다가왔다는 신호.
매일 반복되는 일을 하며,
우리는 그저 성장하고,
주인이 원하는 대로 살아간다.
세상은 한 번도 우리가 자유롭다고 말하지 않는다.
그저 사육하는 자들의 눈에는
우리가 더 크고, 더 많은 것을 만들어야 한다는 것뿐.
농장 안에서 돌아가는 시간은,
우리의 시간과 비슷하지만,
그 끝은 결국
냉장고 속에 담길 것이다.

공정한 경주

경주가 시작된다.
모두가 같은 출발선에 서 있다고 믿지만,
이미 누군가는
발끝에 마법의 신발을 신고 있다.
누군가는 이미 길을 달려가고 있다.
"공평하다!"
누군가는 큰 목소리로 외친다.
하지만 그 외침 속엔
가려진 장애물이 숨겨져 있고,
길 끝에 놓인 금메달은
늘 같은 사람들이 차지한다.
"경주를 시작하세요!"
하지만 그 시작은
이미 그들이 설정한 루트에서만 가능하다.
공정?
그것은 그들이 만든 규칙 속에서만
한 번도 우리에게 주어진 적이 없다.

인력은행

내가 너에게 빌려주는 건,
시간이 아니라 손끝의 노동이다.
너는 내게서 사람을 빌리고,
그 땀방울은 너의 통장에 쌓인다.
인력은행,
거기에는 내 모든 시간이 묶여 있고,
내 눈빛은 차가운 유리창을 통해
그 안을 바라본다.
나는 빌려주고,
너는 더 많은 것을 쌓아간다.
하지만 빌려준 시간은
돌아오지 않는다.
나는 그 속에서 길을 잃고,
너는 내 고통으로 이익을 보고,
인력은행의 창고 속에서
내 삶은 점점 가라앉는다.

신호등은 누구를 기다리는가

빨간 불은 나를 멈추게 했고 그 순간, 마음은 저 멀리 초록빛을 향해 달렸다
초록 불은 사랑 같았고 너를 따라 걸어가고 싶었던 충동을 숨길 수 없었다
노란 불은 내가 가장 오래 머무는 시간, 망설임과 후회가 동시에 켜졌다
나는 횡단보도 위에서 서 있었지만 사실 너의 감정 앞에 서 있었다
신호등은 늘 누군가를 기다리는 것 같았고 나는 항상 그 기다림 속에 나를 맡겼다
그러다 어느 날, 너는 건너갔고 나는 여전히 그 자리에 머물렀다.

상상의 바다

상상은 깊은 바다,
그 속에 잠긴 보석처럼,
내가 꺼내기만 하면
빛을 발할 생각들이 숨어 있다.
파도는 내 마음의 떨림,
조용히 밀려오며
내가 놓친 가능성들을 건져 올린다.
그 바다를 떠다니며
나는 그 누구도 도달하지 못할 섬을 향해 나아간다.
물결이 나를 밀어내면,
나는 또 다른 길을 찾고
내가 꿈꾸는 것은
끝없이 펼쳐진 horizon이 된다.
상상은 바다,
내가 그 안에서 헤엄칠 때마다
세상은 점점 더 넓어진다.

네온의 폐허

불 꺼진 골목이 내 어깨를 빗질한다
술집 간판은 혀를 말아
붉은 유혹을 되삼킨다
나는 아스팔트의 심장 속을 걷는다
차가운 맥박이 발목까지 흘러내리고
가로등은 눈꺼풀을 덜 감은 채
나를 몰래 훔쳐본다
광고판 속 여자는
매일 같은 웃음을 대출받아 걸고
나는 그녀의 눈 속에서
얼굴 없는 사람들을 세어본다
우리는 모두
거울 대신 유리를 들여다보며 산다
금이 간 감정은 세척되지 않는다
커피는 식고
눈동자엔 반사된 천장이 둥둥 떠다닌다
이 도시의 하늘은 땅 아래 있다
그래서 오늘도 나는
바닥을 쳐다보며 위를 생각한다.

사라지는 계절들

봄은 교통사고처럼 사라졌고
여름은 욕망처럼 너무 길었다
가을은 이제 비자 없이 오지 못하고
겨울은 창백한 기침 소리만 남긴다
우리는 태양을 뜯어먹으며
그늘을 팔아 치웠다
바람도 숨을 멈췄다
비는 이제
사죄처럼 쏟아지고
바다는 이름 모를 열을 앓는다
지구는 환자다
우리의 손에는 얼음 대신
성냥이 들려 있다.

멀어지는 소음의 모양

소리는 형태를 가지고 있었다. 너의 목소리는 직선처럼 날카롭게 베였고
내 속의 침묵은 구불구불 흘러갔다 거리의 소음은 원형으로 퍼졌고 우리는 그 원 안에서 멀어지기 시작했다
말들은 부딪히면서 모서리를 만들었고 나는 그 모서리 위에 앉아 조심스럽게 나를 접었다
조용함은 소음의 그림자였고 그림자는 우리 뒤에 길게 드리워졌다
나는 더 이상 말을 하지 않기로 했다 소음은 말없이 울리는 것이라는 걸 너를 통해 배웠으니까.

의미 없음의 기술

매일 같은 문을 열고
다른 이유로 우는 사람들
존재는 부서진 연필심처럼
손끝에서 쉽게 부러진다
나는 살아 있다는 걸
달력에 구멍을 내며 증명한다
행복은 포장지를 삼킨 초콜릿 같고
고통은 유통기한이 없다
"왜?"라는 질문에
아무도 마침표를 찍지 못한 채,
쉼표처럼 살아간다.

분노의 색조 팔레트

분노는 단지 붉은빛이 아니야, 그것은 입술 위에 번진 칠흑의 틴트, 저항의 언어가 채색된 흔적처럼 검붉게 반짝이고 있어
나는 감정을 조심스럽게 바르려 했지만, 색은 내 손에서 미끄러져 얼룩처럼 번졌고
너는 나를 진정시키려 했지만, 내 눈가엔 이미 번개 같은 붉은 선이 칠해져 있었지
분노는 파스텔이 아니야, 야광 핑크와 검푸른 그림자가 뒤섞인 전쟁의 스펙트럼이었어
누군가는 그걸 단순한 감정이라 불렀지만, 내게 그것은 숨을 위해 싸우는 생존의 불빛이었지
색조 팔레트의 마지막 칸엔 '무시'라는 이름의 침묵이 들어 있었고 나는 그 회색을 몸에 칠해 세상과 나를 동시에 가렸다.

업데이트 중

오늘도 감정을 재부팅한다
웃음은 이모티콘, 눈물은 삭제됨
손끝은 화면을 쓰다듬고
가슴은 와이파이를 찾아 헤맨다
사랑은 약관에 동의하지 않았고
이별은 배터리처럼 느닷없이 왔다
나는 알고리즘의 애완동물
취향은 추천받고
슬픔은 필터 처리된다
당신은 인간입니까?
이 질문에
"보안 문자를 입력하세요."

택배 박스의 진실

문 앞에 놓인 박스 하나 사람들은 그것을 물건이
라 하지만 나는 그것을 기대라고 부른다
그 안엔 미래의 조각이 들어 있다 마음의 조각, 혹
은 허무의 종이상자 상자를 뜯는 손끝은 설렘보
다 불안하다
포장재를 지나 마음을 확인하면 그건 언제나 '생
각보다 작다' 기대는 과포장되어 왔고 내용물은
늘 실망과 닮았다
나는 오늘도 박스를 받는다 그리고 또다시 기대
를 주문한다.

혈연은 무늬다

지워지지 않는 태그처럼
우리에게는 같은 성이 붙어 있다
밥상 위엔 말 대신
숨만 찌개처럼 끓는다
애정은 종종 잿빛이었고
침묵은 상속처럼 반복됐다
아버지는 계절처럼
제때 오지 않았고
어머니는 내내 구름이었다
가족은 붕어빵이 아니다
모양은 같아도
속은 모두 다르다.

투명인간 연대기

나는 하루에 세 번 투명해진다
출근길 지하철, 점심시간 거리, 퇴근 후 내 방
존재는 목소리의 크기로 결정되고
나는 듣는 쪽으로만 살아간다
꿈은 저당 잡힌 지 오래
집세와 물가가 유산처럼 내려온다
사람들은 나를 스쳐 지나가며
거울을 닦듯 외면한다
보이지 않는다고
존재하지 않는 건 아니다
나는 지금도 여기에 있다.

나는 총소리를 들은 적 없다

나는 총을 든 적 없지만
내 꿈은 포화 속을 기어간다
할아버지의 침묵이
아버지의 등 뒤로 흘렀고
그것은 내 가슴에
검은 점 하나로 남았다
나는 무릎 꿇지 않았다
다만 조용히 무너졌을 뿐이다
시간은 잊지 않는다
전쟁은 피보다 깊은 유전자로
우리를 다시 적으로 만든다.

웃음의 가면

웃음은 나의 갑옷이다. 입꼬리를 올리면 마음이 감춰진다. 슬픔은 광대처럼 화장되고 농담은 방어막처럼 튕긴다.
나는 웃음을 연기한다. 손뼉은 박수이고, 박수는 외로움의 증명. 사람들은 잘 웃는 나를 좋아한다. 그건 내가 잘 감추기 때문.
진짜 감정은 무대 뒤에 숨겨져 불 꺼진 자리에 조용히 앉아 울고, 메이크업은 흔들려도 가면은 단단히 붙어 있다.
나는 웃는다 그래야 오늘이 무너지지 않기 때문에.

산은 아무 말이 없다

나는 정상을 향해
목적 없는 사다리를 오르며 묻는다.
왜 여기에 왔는지,
누구를 이기고 싶은지,
산은 대답하지 않는다.
그저 그 자리에 있다.
고요는 비명을 삼키고
바람은 문장 없는 시처럼 흐른다
자연은 인간의 어깨 위에
침묵이라는 짐을 얹는다
그리고 나는 깨닫는다
가장 높은 곳엔
나 말고 아무도 없다.

마지막 재봉질

주름은 시간이 접은 종이학
나는 매일 몸을 접으며
기억의 끝자락을 꿰매고 있다
말보다 숨이 더 많아지고
식탁의 의자는 점점 말을 줄인다
한때 봄이 걸었던 이 복도엔
그림자만이 양탄자처럼 눕는다
손끝에 남은 따뜻함이
누군가를 키워낸 증거라면
나는 이제
바느질도 끝낸 헝겊처럼
조용히 개켜지는 쪽을 택하려 한다
이름 없는 옷처럼
나는 서랍 깊숙이 접힌다.

제목 : 마지막 재봉질
시낭송 : 박영애
스마트폰으로 QR 코드를 스캔하면
시낭송을 감상할 수 있습니다

거울은 셀카를 찍지 않는다

나는 내 눈이 아니다
늘 누군가의 조명 아래
표정을 연기하는 배우
'좋아요'는 통화 버튼처럼 울리고
나는 매일 그 안으로 끌려간다
감정은 배경 처리되고
고통은 리터칭된다
거울 앞에서는 낯선 얼굴
피드 속에서는 나보다 나은 나
누군가의 눈빛 속에 살다 보면
자신의 그림자도 잃게 된다
이제 나는
화면을 꺼야만
진짜 얼굴을 볼 수 있다.

시간이 나를 기억 못할 때

나는 많은 날을 지나왔지만 시간은 내 이름을 불러준 적 없었다
달력은 나를 빼놓았고 시계는 내 발자국 위를 건너뛰었고 과거는 나를 엇갈린 미래로 밀어냈다
나는 존재했는데 흐르지 못했고 흘러가는데 남겨지지 못했다
모든 순간은 누군가의 것이 되었고 내 시간만 갈피 없는 공책처럼 찢겨졌다
시간은 나를 잊었다 그리고 나는 잊히는 법을 배우고 있다.

할인된 슬픔

오늘도 감정은 할인 중
눈물은 1+1, 미안함은 묶음 판매
진심은 재고가 없고
표정은 빠르게 팔려나간다
'괜찮아요'는 자동응답,
사랑은 포장만 화려한 반품상품
마음은 하루 단위로 소모되고
슬픔은 택배 상자처럼 접힌 채 온다
누군가의 고통은,
배송지연 안내에 묻혀 있다
리뷰는 많지만,
진짜 이야기는 없다.

말로 다 하지 못한 것들

가장 깊은 고백은
혀끝에서 되돌아간다
말은 종종 상처에 닿지 못하고
침묵은 쓰지 않은 시처럼
더 또렷하게 남는다
당신이 듣지 못한 문장들은
밤마다 내 베개 속에서 썩는다
비명보다 무서운 건
차마 내뱉지 못한 사랑
우리는 말을 쌓아 올렸지만
그 위엔 아무도 살지 않았다
마지막 문장은
항상 말줄임표였다.

제목 : 말로 다 하지 못한 것들
시낭송 : 박영애
스마트폰으로 QR 코드를 스캔하면
시낭송을 감상할 수 있습니다

냉장고 속 별

그는 조용히 사라졌다
전등보다 늦게 꺼진 사람
문은 안에서 잠겼고
밖은 아무도 두드리지 않았다
배달 온 김밥이 먼저 썩고
휴대폰은 긴 침묵을 전송했다
창문에 남은 호흡 자국이
마지막 인사처럼 말라붙었다
죽음은 기사 하나로 축소되고
이웃은 리모컨을 눌렀다
별은 매일 진다
하지만 오늘은,
아무도 고개를 들지 않았다.

느림의 미학

나는 느리게 걷는다 세상은 속도를 재촉하지만 내 발걸음은 호흡처럼 깊다
골목에 핀 그림자를 바라보고 돌담에 앉은 시간에게 말을 건다 그는 천천히 대답하고, 나는 느리게 듣는다
빨리 가는 사람은 길을 놓치고 나는 머물며 마음을 줍는다 속도는 중요하지 않다, 느림은 기억을 더 오래 남긴다
나는 느림으로 오늘을 살아간다 어제와 내일을 만나기 위해.

제목 : 느림의 미학
시낭송 : 박영애
스마트폰으로 QR 코드를 스캔하면
시낭송을 감상할 수 있습니다

진동 모드의 심장

나는 알람처럼 살아간다
계속 울리되, 들리지 않는 방식으로
심장은 진동 모드
걱정은 배터리를 갉아먹는다
뉴스는 하루 세 번
절망을 갱신하고
꿈은 대기 상태로 접힌다
커피는 점점 진해지지만
의식은 더 옅어진다
우리는 모두
무너질 타이밍을 조율 중이다
불안은 이제
일상에 묻어 쓰는 향수다.

넘어진다는 건

넘어진다는 건
땅과 친해지는 법을 배우는 것
흙은 냉정하지만
의외로 따뜻한 진실을 품는다
꿈은 자주 미끄러졌고
나는 무릎에 계절을 붙였다
성공은 기사로 남고
실패는 골목에 남는다
그래도 나는
다시 신발끈을 매고 일어난다
패배는 끝이 아니다
단지, 발자국의 방향을 바꾸는 것.

이름 없는 하루들

이름이 지워진 나날들
거울도 나를 기억하지 못한다
딸의 얼굴에
엄마의 이름을 붙이고
어제는 창밖으로 흘려보낸다
시간은 퍼즐처럼 흩어지고
내 손에는 아무 조각도 없다
나는 누군가의 전부였지만
이제는 아무도 모르는 누구
존엄은 흔들리는 눈동자 속
바닥까지 잠겨 있다
기억이 사라진 자리에
나는 오늘도, 조용히 앉아 있다.

달의 뼛조각을 주운 날

나는 밤길을 걷다가 지면 위에 떨어진 달의 파편
하나를 발견했다
그건 차갑고 단단했으며 뼛조각처럼 반쯤 부서져
있었다 빛은 으스러졌고 손끝은 얼었다
나는 그것을 품에 안고 잠시 숨을 멈췄다 그 속에
숨어 있던 눈물은 은색으로 빛났다
달빛은 썩지 않는다지만 그날 밤의 감정은 서서히
내부에서 붕괴되었다
파편은 나의 심장 아래 묻혔고 나는 걸을 때마다
그 달빛을 발끝으로 울렸다.

출근은 단어가 아니다

알람은 매일 같은 비명을 지르고
나는 수의처럼 셔츠를 입는다
전철은 철로 위를 돌고
사무실은 창 없는 감방 같다
모니터는 오늘도 나를 지켜보고
점심은 자유시간이라 불린다
상사의 말은 감시자의 호명처럼
내 이름을 부른다
우리는 모두
일요일을 기다리는 죄수
퇴근은 석방이 아니라
형기의 연장이다.

누가 아프다 말했는가

거리는 기침처럼 퍼진다
고통은 숨으로 전염된다
누군가는 울고 있지만
우리는 '조용히 해'라는 눈빛으로 응답한다
감정은 감염자처럼 취급되고
슬픔은 격리된다
그의 상처는
아무런 해시태그도 받지 못했다
공감은 이력서에서 빠졌고
나는 타인의 고통에
좋아요를 누르고 지나쳤다
이 시대는 묻는다
"왜 그렇게 예민하세요?"
그러나 나는 알고 있다
예민한 것이 아니라
병든 것이라는 것을.

같은 방, 다른 계절

같은 이불 속에서도
우리는 서로 다른 기후를 품는다
말은 간헐적으로 오가고
눈빛은 번역되지 않는다
그의 손이 닿아도
살은 흔들리지 않는다
사랑이 식은 게 아니라
냉장고에 넣어둔 채
꺼내는 걸 잊었을 뿐
우리는 매일 식탁에 앉아
각자의 벽을 씹는다
이별은 하지 않았다
다만, 오래도록
하지 않을 뿐이다.

꿈을 재생하는 기계

나는 매일 밤 같은 꿈을 재생한다 잔상을 돌려보는 것처럼 누군가 내 감정을 저장한 디스크를 반복적으로 틀어놓는다
화면 속 나는 웃고 있지만 그 웃음은 전혀 나를 닮지 않았다 모서리가 반질거리며 깎여 너에게 보여주기 좋은 형태만 남았다
꿈은 복제되고 감정은 압축되어 나조차 내가 느끼는 걸 의심하게 되었다
너는 매번 등장하지만 늘 등을 보이고 있었고 내가 다가가면 기계는 꿈을 꺼버렸다
그건 기억이 아닌 기능이었고 마음을 잃은 인터페이스였다.

이름 없는 별

간판 없이 문 여는 가게처럼
나는 오늘도 나를 건다
누구도 알아보지 않지만
나는 매 순간을 기성복처럼 꿰매며 산다
존재는 때때로
말 없는 충실에서 빛난다
화려함은 없지만
사라질 자리에 조용히 남는 것
이름 없이 지는 별이
가장 오래 빛난다는 걸
나는 안다
그래서 나는
작고 단단한 생을 고집한다.

지도에서 지워진 풍경

할머니의 숨결이 남아 있던
그 마루는 이제 주차장이다
흙냄새는 콘크리트로 덮였고
감나무 자리에 cctv가 섰다
고향은 이제
네비게이션에 없는 단어
나는 꿈속에서만
빨간 대문을 밀어본다
기억은 낡은 사진처럼
점점 바래간다
집은 사라졌지만
그 창문 너머의 봄은
아직 내 안에 머문다.

퇴근길의 고백

도시의 심장은 뿌연 공기로 뛰고 신호등은 갈등의 변호사 같다 퇴근길, 나는 차도 위 조연이다
버스는 어제처럼 늦고 정거장엔 피로가 앉아 있다
발걸음은 무겁고, 눈은 어둡다
하늘은 시멘트색으로 칠해져 있고 흩어진 사람들은 각자의 방황을 향한다 나는 조용히 퇴근을 고백한다
하루 종일 감춘 내 마음을 귀갓길 은행나무에게 털어놓는다 그들은 잎사귀로 박수를 쳐준다.

주름진 자화상

거울은 늘 정직했지만
나는 그 앞에서 거짓되게 웃었다
이름보다 더 자주 바꾼 건
입장의 방향과 말의 온도
원칙은 선반 위에 올려뒀고
신념은 이력서에서 지워졌다
날카로웠던 내가
서랍에 접힌 채 굴절될 때
세상은 박수를 쳤고
나는 박수를 삼켰다
이제 남은 건
타협으로 다져진 유연함과
스스로 낯선 얼굴 한 장 뿐.

형광등 아래 별

그는 새벽의 심장처럼 뛰었다
잠든 도시를 뒤집어
그 틈을 꿰매는 사람
야간은 칼날 같다
잘못 디디면 어김없이 베인다
형광등 아래 그의 손등엔
낮이 없는 주름이 쌓여간다
햇빛은 그의 몫이 아니었고
시계는 종종 거짓을 말했다
우리는 낮의 윤택함에 감사하지만
그림자에게는 고마움을 말하지 않는다
그의 이름은 명찰에 적혀 있었지만
아무도 불러주지 않았다.

거울이 거절한 얼굴

나는 거울을 들여다봤다 그러나 거울은 나를 반사하지 않았다
내 눈은 텅 비어 있었고 얼굴은 무표정의 외피를 두르고 감정은 빛의 굴절 뒤로 숨어버렸다
거울 속의 나는 내가 아닌 누군가의 그림자였고 표정은 복사되었으나 심장은 붙여넣지 않았다
나는 물었고 거울은 침묵했다 그 침묵은 차갑고 무거웠다
나는 화장을 고쳤다 윤곽을 선명하게 다시 그렸지만 거울은 여전히 고개를 저었다
그날 이후 나는 거울을 보는 대신 창밖을 바라보았다 비추기보다 흘러가는 걸 원했다.

핏줄은 물보다 진한 상처

나는 아버지의 분노를 유산처럼 받았고
어머니의 침묵으로 자랐다
우리 집은 대화 대신
한숨과 문 닫는 소리로 소통했다
피는 끊지 못할 무늬였고
사랑은 늘 상처 위에서 자랐다
형제는 같은 방에서
다른 전쟁을 겪었다
나는 웃는 법을 배우기보다
입 다무는 법부터 익혔다
가족은 울타리이면서
감옥이기도 하다는 걸
나는 너무 일찍 알아버렸다.

말 없는 칼날

그는 말하지 않았다
그러나 침묵은 바늘보다 날카로웠다
모욕은 종종
입이 아니라 눈에서 왔다
침묵은 벽이었고
그 안에서 나는 매일 부딪혔다
말을 하지 않는다는 건
무관심이 아니라
계산된 방관
상처는 소리 없는 채로
가장 깊이 남는다
나는 아직도
그 침묵을 비켜 걷는다
말이 아니라, 공기로 피한다.

감정은 수집될 수 있을까

나는 슬픔을 진열장에 세웠다 투명한 감정들이 조각처럼 빛났고
그 옆엔 분노 그리고 희망
감정은 박제된 채 수집가의 손에 들려 있었다
누군가는 그것을 예술이라 불렀고 나는 그것을 장례식이라 불렀다
감정들이 죽은 채 반짝일 때 사람들은 그걸 아름답다고 했다.

우울을 재배하는 정원사

내 마음엔 어둠이 자랐다 물은 눈물 거름은 후회
우울은 꽃처럼 피었고 그 꽃은 아름답지만 독이 있다
나는 정원사처럼 다듬고 잘랐지만
슬픔은 더 깊게 뻗고 더 넓게 스며들었다
햇빛은 오지 않았고 나는 검은 꽃 속에서 피어 있었다.

부재의 흔들림

진동은 울렸지만
화면엔 아무것도 없었다
너에게 닿으려던 수많은 마음들이
조용한 떨림으로 남아 있었다
내 손 안에서
전화기는 말없이 흔들렸고
그 진동은
네 음성보다 더 아팠다
응답은 없었지만
내 감정은 계속 호출되었고
그 무음의 소리는
가장 고요한 거절이었다.

불면을 입은 집

이 집은 밤마다 깨어 있었다
창문은 눈처럼 떴고 바닥은 맥박처럼 울렸다
나는 그 속에서 잠이 되려 했지만
불면이 자장가처럼 속삭였다
벽은 생각을 반사하고 천장은 나를 기억했다
이 집은 나를 품었지만 절대 나를 재우지 않았다.

자동 판매기 속 슬픔

자판기 앞에 섰을 때 나는 감정을 돈으로 교환하려 했다
버튼 위에 적힌 '슬픔'은 가장 마지막 칸에 조심스럽게 숨어 있었고
잔잔한 기계음이 내 마음을 먼저 알아차린 듯 너무 쉽게 선택지를 토해냈다
뜨거운 캔은 손보다 마음을 데웠고 그 뚜껑을 열자 한숨처럼 증기가 피어올랐다
사람들은 커피라 부르지만 나는 그것을 위로라고 불렀다
그리고 매번 마실 때마다 혀보다 더 깊은 곳이 데였다.

꿈의 무게

나는 날개를 가졌지만
그 아래에 다리가 없었다
뿌리를 뽑지 못한 채
하늘을 쳐다보는 땅 위의 새였다
너는 내 날개를 만졌지만
결코 나를 날게 하진 않았다
사랑이란 건
가끔 꿈의 형태를 빌려 현실을 속였다
나는 바람의 방향을 알았지만
거길 향할 수 없었고
날개는 점점 무게를 가지며
욕망의 깃털이 되었다
다리 없는 날개는
꿈을 품는 법만 알았다
그 꿈이 날 수 없다는 사실은
너를 잊고 난 후에야 알았다.

제목 : 꿈의 무게
시낭송 : 박영애
스마트폰으로 QR 코드를 스캔하면
시낭송을 감상할 수 있습니다

네온 아래의 속삭임

도시의 밤은 눈썹보다 입술이 진했다 네온빛은 거짓말처럼 눈부셨고
그 아래서 사람들은 서로에게 익명으로 속삭였다
너의 말은 조명보다 더 밝았고 나는 그 말에 그늘진 마음을 들켰다
우리의 대화는 공기 중에 흩어졌고 향수처럼 오래 남았다
네온은 사랑을 가장하고 있었고 나는 그 가장을 진심으로 착각했다
그 밤은 우리가 서로를 바라본 유일한 시간이었고
그 다음 날, 너는 빛 속으로 사라졌고 나는 그 자리에 그림자처럼 남아 있었다.

비는 텅 빈 자에게만 내린다

하늘은 누구에게 내릴지를 안다 가득 찬 사람 위엔 맑음이 퍼지고 텅 빈 사람 위엔 비는 조용히 스며든다
나는 구멍 난 마음을 드러낸 채 거리 위에 서 있었고 그 구멍마다 빗방울이 고였다
너는 옷을 펴서 비를 가렸지만 나는 그저 젖기로 했다 젖는다는 건 속까지 울리는 감정이기 때문에.
비는 위로가 아니라 동행이었다 울기 전에 먼저 울어주는 작은 날씨의 마음.

찢긴 책갈피

너의 이름이 적힌 책갈피는
한 페이지에서 멈춰 있었다
손끝으로 넘기려다 찢어졌고
나는 그 날의 대화를
끝내 이어가지 못했다
감정은 북마크처럼
중단된 시간 위에 눌러앉아
우리의 문장은
그 이후를 상상할 수 없었다
찢긴 조각은
말하지 못한 반절의 마음
너는 그 장을 넘겼지만
나는 거기에 아직도 남아 있다.

제목 : 찢긴 책갈피
시낭송 : 박영애
스마트폰으로 QR 코드를 스캔하면
시낭송을 감상할 수 있습니다

포장된 외로움의 도착

현관 앞에 박스 하나
내 이름이 적혀 있었지만
개봉되지 않은 상태로
며칠을 그렇게 있었다
기대는 종이 테이프 아래 눌려 있었고
그 안엔 너에게 건넨
진심의 조각들이
완충재처럼 감겨 있었다
버려졌다는 건
열리지 않았다는 뜻
나는 상자를 치우지 못하고
네가 한 번쯤
문을 열어보길 기다리고 있었다.

화장대 앞에서

붓은 검보다 날카롭고 입술 위 핏빛 선율이 흐른다 볼에 핀 홍조는 전투의 깃발 거울은 오늘도 나를 속인다
눈동자엔 밤을 담고 속눈썹은 문장을 완성하는 쉼표 파우더는 가면의 모래성 넌 나를 보고 '꾸몄다'고 말하지
나는 그저 오늘을 살아내기 위한 방어를 택했을 뿐 붓 하나로 감정을 감추고 색 한 겹으로 고단함을 덮는다
화장은 거짓이 아닌 생존이다 거울 속 나는 나인데, 아무도 믿지 않는다.

장롱 속 유년기

바랜 옷자락에 달린 단추 하나 구겨진 추억이 옷걸이에 매달린다 그 장롱은 시간의 터널, 유년은 그 안에서 눌려 있다
나무 향 가득한 어머니의 숨결 단추를 세던 손길이 그리워 나는 고장 난 인형처럼 서 있고 장롱은 입을 닫고 침묵한다
울음은 바느질로 꿰매진다 기억은 옷처럼 커지지도 작아지지도 않아 잘못 입은 마음만 매일 태워 입는다
세탁된 웃음 뒤엔 눈물이 숨어 있고 나는 매일 장롱을 열어 다시 그 시절을 입는다.

불발된 슬픔의 자리

덫은 설치되어 있었지만
생쥐는 오지 않았다
나는 고통을 예감했고
그 자리엔 슬픔이 준비되어 있었다
하지만 아무도 다치지 않았고
그 무사함은
오히려 내 안의 불안을 부풀렸다
너의 말 한 마디에 걸릴 줄 알았던
내 감정은
그날 아무도 건드리지 않았다
덫은 빈 채로 있었다
때로는 고통보다
불발된 상처가 더 오래 아프다.

계란후라이의 철학

달걀을 깼더니 우주가 흘러나왔다 노른자에는 태양이 살고 흰자는 구름처럼 흘러간다
팬 위의 세상은 뜨겁고 뒤집힘은 인생의 결정적 순간 소금 한 꼬집은 감정의 조율
나는 매일 같은 삶을 부치며 변화를 얇게 썰고 뒤집힘을 기다리는 철판 위 존재
한쪽은 익고 한쪽은 타버린다 그럼에도 식욕은 아름답다고 말하고 나는 다시 달걀을 깬다.

혼자 있는 밤의 기술

불을 끄면 마음이 보인다 어둠은 내 감정의 통역사
혼자 있는 밤은 가장 진실된 무대
침대는 사색의 정거장 이불은 과거를 감싼 낙엽 나는 오늘을 재우며 어제를 껴안는다
휴대폰은 침묵하고, 벽사는 숨을 쉰다 나는 창밖의 어둠을 바라보며 내 안의 소음을 정리한다
고요한 시간 속, 나는 나에게 말을 걸고 그 말을 들을 유일한 사람이 된다.

존재의 안쪽

나는 그 이름표를 달았었다
한때는 내 존재의 외벽이었고
당신은 그것을 보고
나를 부르던 사람이었다
하지만 스티커처럼
이름은 조금씩 벗겨졌고
남은 건 끈적한 기억뿐
불러도 대답하지 않는 실루엣이었다
지워진 이름표는
내가 아닌 그들이 잊은 이름
나는 여전히 거기에 있었지만
그곳에 나를 보는 사람은 없었다.

바람과 대화하다

나는 바람을 친구 삼았다 그는 늘 떠나고, 늘 돌아
온다 말은 없지만 존재는 확실하고 어깨 위에 슬픔
처럼 가볍게 앉는다
바람은 날 닮았다 자리를 갖지 못하고, 방향을 속
인다 어디론가 향하지만, 어디에도 닿지 않는다 그
흐름이 내 마음을 쓸고 간다
창문 사이로 삶의 틈이 열리고 나는 오늘도 바람에
게 묻는다 "그대는 어디로 흘러가나"
그는 아무 대답 없이 내 속마음을 흩뜨린다.

제목 : 바람과 대화하다
시낭송 : 박영애
스마트폰으로 QR 코드를 스캔하면
시낭송을 감상할 수 있습니다

꿈속의 풍경

꿈은 나의 비밀 일기장이다 현실에선 쓰지 못한 문장을 나는 잠 속에서 그린다
모래 위를 날던 새, 손을 잡았지만 얼굴은 흐릿한 사람 내가 울고 있었는데 입은 웃고 있었다
꿈은 거울보다 더 정직하고 심장은 그 안에서 진짜 소리를 낸다 나는 가끔 깨지 않고 싶다 현실보다 꿈이 더 따뜻하기에
그러나 아침은 잔혹하다 알람은 현실로 끌어당기고 나는 깨며 나를 잊는다.

고요한 무중력

햇살이 실처럼 얹혀 있는 오후,
바람조차 숨을 멈춘다
투명한 하늘 아래
나는 무게를 잊는다
당신의 눈동자처럼
흐르는 것이 없어 더 깊어진
이 순간, 세상이 나에게 말을 걸지 않는다
그래서 나는 더 잘 들을 수 있으니.

우산의 독백

비가 내리던 어느 오후,
나는 당신의 손에 쥐어져
그대의 머리 위에 조용히 그림자를 드리웠지요
그러나 비가 그치고 나면
나는 언제나 접힌 채로
구석에 밀려나 존재를 잊히곤 하지요
젖은 추억의 물방울들이
천천히 마르며
당신의 온기를 떠올립니다
사랑이라는 것도,
결국엔 비처럼
갑작스럽게 다가왔다가
말없이 사라지는 것이 아닐까요.

거짓말처럼 예쁜 날

당신이 건넨 노란 튤립 한 송이
그때는 햇살 같다고 믿었고
그 미소는 따뜻한 말의 껍질 같았습니다
튤립은 빠르게 피고
그보다 더 빠르게 시들었고
당신의 다정함도
꽃잎이 말리는 속도보다
더 금방 식었습니다
지금 그 꽃 앞에서.

디지털 속 고독

검은 화면 위 빛나는 이름들, 내게 손 흔들다 사라진 존재들. 이모티콘 하나에 내 마음을 우겨 넣고, 말문이 닫힌 대화창엔 침묵이 춤춘다. 알림은 나를 불러내지만 누구도 기다리진 않았다. 셀카 속 웃음은 셀로판지처럼 반들거렸다. 터치로 닿을 수 없는 거리, 안부는 자주 묻되, 누구도 대답하지 않았다. 나는 와이파이에 연결됐지만, 사람에게선 로그아웃된 채로. 실시간으로 쏟아지는 타인의 오늘, 내 일기는 오직 비공개로 저장된다. 텅 빈 하트들이 내게 손짓하고, 나는 좋아요를 누르는 손마저 무감각하다. 모니터는 거울이 되고, 그 안의 나는 누구도 모른다.

도시 속 자연의 침묵

철제 심장 아래 뿌리 내린 민들레, 소음이 속삭이는 새벽에 홀로 핀다. 아스팔트 틈을 타고 오르는 숨결, 비에 젖은 나뭇잎은 구름을 닮았다. 고층 빌딩은 태양을 가두고, 하늘은 조각난 유리창 속에만 존재한다. 새들의 노래는 자동차 경적에 덮이고, 숲은 교통신호 뒤에 숨었다. 나는 푸른색을 그리워했고, 그 푸름은 광고판 속에만 존재했다. 자연은 침묵이었고, 침묵은 가장 큰 저항이었다. 뿌리는 말 없이 견뎠고, 잎은 햇살 한 줄기에도 감동했다. 그 조용한 생은, 도시를 고발하고 있었다.

엘리베이터의 사색

사람들은 잠시 멈춰 선 채
단추 하나로 오르고, 또 내립니다
하지만 그 사이의 짧은 정적 속에서
나는 문득, 사람들의 눈빛 속에
말로 다 하지 못한 감정을 읽어냅니다
어디로 가고 있는지도 모른 채
층수는 올라가고
마음은 내려갑니다
철의 방 안, 이 잠깐의 침묵이
어쩌면 가장 진실한 순간일지도.

무언의 일상

전철 안의 눈빛들은 서로에게 무표정했다. 우리는 서로를 지나쳤고, 각자의 고요 속에서 하루를 펼쳤다. 커피의 향은 외로움을 감췄고, 책의 활자는 삶을 가장했다. 버스 창 밖 풍경은 하루치 꿈 같았고, 모퉁이에서 만난 고양이는 말을 걸고 싶었다. 배달 음식의 뚜껑을 열면 어김없이 혼자였다. 내 시계는 누군가의 시간과는 다르게 흘렀다. 빨래는 햇살을 품었지만, 내 마음은 그늘에 널려 있었다. 낯선 사람의 어깨가 잠깐 닿았을 때, 나는 한 줄의 시가 떠올랐다. 말하지 않음이 언어보다 깊었다.

컵라면의 시간

끓는 물을 붓는 그 찰나의 시간,
세상이 잠시 멈춘 것처럼 느껴집니다
뚜껑 아래로 스며드는 열기 속에
우린 묵묵히 기다림을 배웁니다
짧고도 강렬한 3분의 열정,
그 속에서 익어가는 건
라면뿐만이 아니라
때로는 우리의 감정이기도 해요
사랑도 그랬지요—
잠깐 뜨거웠고
곧 조용히 식어갔습니다.

기억의 파편들

책갈피에 낀 사진 한 장, 웃고 있는 나를 나는 기억하지 못했다. 그날의 햇살은 노란색이었고, 바람은 친구의 이름을 불렀다. 방울 뛰던 물결의 끝에 서 있던 우리, 시간은 우리를 기념품처럼 봉인했다. 추억은 유리병에 담긴 색소 같았다. 흔들면 번지고, 가만두면 침잠했다. 기억은 허위의 경계에서 춤췄고, 나는 그 속에서 울었다. 과거는 늘 선명하게 왜곡되었고, 눈물은 결코 똑같은 이유로 흐르지 않았다. 그 사진 속 나는 나보다 나를 더 닮았다. 기억은 그리움보다 단단했고, 슬픔은 잊혀짐에 미소를 띠었다.

분노의 온도

내 안의 화산은 조용히 끓고 있었다. 말하지 않은 말들이 용암처럼 흐르고, 침묵은 가장 뜨거운 저항이었다. 나는 부드럽게 웃으며, 천천히 녹고 있었다. 불꽃은 눈빛 속에 자리 잡고, 폭발은 예의의 틈에서 일어났다. 분노는 일상에 녹아든 향신료였고, 그 맛은 익숙하지만 이질적이었다. 내 입에서 나온 모든 말은 타버렸고, 재만 남아 마음을 덮었다. 싸움은 없었다, 하지만 흔적은 분명했다. 뜨거운 감정은 차가운 말투로 던져졌다.

체온의 기억

소파는 너를 기억한다
쿠션은 네가 머물렀던 무게를
깊게 간직하고 있다
그 자국은 먼지가 내려앉은 자리가 아니라
너의 존재가 한때 눌러앉았던 증거
나는 그 움푹한 자리를
그리움처럼 만져본다
앉는다는 건
머무름을 남기는 일
떠난다는 건
쿠션조차 슬프게 만드는 일이다.

꿈의 끝자락

꿈은 새벽 벽지처럼 벗겨지고, 현실은 양말처럼 늘어졌다. 나는 회의실의 커피 향을 마시며, 어젯밤의 비행을 조용히 묻었다. 비명 없이 끝나는 희망들이, 모니터 뒤쪽에서 서로의 불빛을 꺼트린다. 내 책상 서랍에 잠든 비전은, 더 이상 기다릴 기운도 없었다. 성공은 내게 비밀번호처럼 낯설었고, 희망은 종이컵 속에 식어 있었다. 목소리는 방향을 잃었고, 걸음은 꿈을 향하지 않았다. 나는 꿈을 믿었지만, 꿈은 내 믿음을 잊었다.

문틈의 세계

닫힌 문은 자주 속삭였다, 열지 말라고. 아직 준비 되지 않았다고. 나는 손잡이를 잡은 채 수십 번 망설였고, 틈 사이로 새어 나온 빛을 곁눈질했다. 그곳에는 내가 아닌 내가 있었고, 미지의 나날들이 숨을 죽이고 있었다. 도어락은 나를 시험했고, 내 마음은 자꾸 암호를 잊었다. 문은 삶 같았고, 틈은 가능성의 숨구멍이었다. 나는 외면했지만, 궁금해했고. 손끝이 흔들릴 때마다, 문 너머에서 누군가 웃었다. 닫힘이란 끝이 아니며, 틈은 언제나 열린 쪽이었다.

무음의 고백

너에게 보낸 메시지는
끝내 배달되지 않았다
풍선처럼 떠오르던 내 감정은
전송 버튼 앞에서 얼어붙었다
'실패'라는 말이
내 감정보다 먼저 도착했고
너는 그 메시지를 보지 않았지만
나는 그 문장 아래에 오래 머물렀다
말하지 못한 마음은
말한 것보다 더 오래 살아남는다
전송되지 않았기에
내 사랑은 아직
도착지에 기대를 품고 있다.

제목 : 무음의 고백
시낭송 : 박영애
스마트폰으로 QR 코드를 스캔하면
시낭송을 감상할 수 있습니다

과거에 갇힌 공간

허물어진 벽에서 바람이 새어 나오고, 창문은 시간의 액자처럼 흔들렸다. 그 집엔 아직 웃음소리가 자란다, 잊힌 그릇과 흔들리는 식탁 아래에서. 먼지가 쌓인 커튼 뒤엔 계절이 숨어 있고, 거울은 어제를 반사했다. 나는 발소리를 낮춰 걷는다, 그곳엔 기억이 잠들어 있으니까. 바닥의 흔적은 사건처럼 말이 많고, 책장에 꽂힌 책은 아무 말도 안 했다. 공간은 조용히 숨을 쉬고 있었고, 나는 그 숨결을 몰래 들이마셨다. 과거는 사라지지 않았고, 단지 그 자리에 머물고 있었다.

달의 체온

밤마다 창가에 앉아
달을 덮는다, 얇은 이불로
노란 숨결이 유리창을 데우고
조용한 체온이 나를 안아준다
누군가의 침묵이
이토록 따뜻할 수 있다면
나는 늘, 말을 적게 쓰기로 했다.

두 개의 자아

아침의 나는 넥타이에 걸려 있었고, 밤의 나는 커튼 속에 웅크려 있었다. 거울은 두 명의 나를 반사했고, 하나는 사람들 사이에서 태연했고, 다른 하나는 빈방에서 울먹였다. 나는 이름을 두 번 반복했고, 호명되지 않은 자아는 늘 뒷주머니에 숨었다. 웃는 연습은 익숙해졌지만, 진심은 종종 입술에 걸렸다. 사회적 내가 무대 위에서 박수를 받고, 진짜 나는 뒷무대에서 불을 껐다. 내 안의 분장은 점점 짙어졌고, 벗을수록 낯설었다. 나는 누구였고, 누군가 되기 위해 얼마나 지쳤는가.

서랍의 기억

오래된 서랍을 조심스럽게 열면
바랜 종이 위에 남겨진 연필 자국,
그 속에는 한때 불렀던 내 이름이 숨어 있습니다
고장 난 시계는 멈춘 채
시간의 흐름을 거부하고
사진 속 인물들은
말없이 그 날을 붙잡고 있지요
서랍이라는 공간은
말하지 못했던 많은 기억들을
하나하나 꺼내기를 기다리는
작은 마음의 창고입니다.

우주적 미소

밤하늘은 나를 내려다보며 웃었다. 나는 별보다 작았고, 생각보다 잠깐이었다. 거대한 암흑은 장엄했지만 따뜻했고, 나는 존재보다 질문이 되었다. 별은 질문을 삼키며 반짝였고, 달은 나를 위로처럼 비췄다. 나는 위로를 해석하려 애썼지만, 우주는 설명하지 않았다. 침묵은 답이었고, 그 답은 또 다른 질문을 낳았다. 나는 우주의 입꼬리에서 위안을 찾았다. 무의미함 속의 아름다움, 그것이 내가 찾은 미소였다.

안경의 풍경

아침마다 당신은
나를 조심스레 닦으며
세상에 선명함을 입힙니다
유리 너머로 바라보는 풍경들은
당신의 감정에 따라
조금씩 흐릿해졌다가
다시 또렷해지기를 반복하지요
나는 당신의 눈동자를 따라
세상을 읽고,
사랑을 배웁니다.

침묵하는 거울

거울은 말이 없었고, 나는 그 앞에서 목소리를 잃었다. 반사된 얼굴은 나를 흉내냈고, 내 눈은 그를 낯설게 바라봤다. 매일 세수한 진심은 닦이지 않았고, 화장은 진실을 덮어주는 설탕가루 같았다. 거울 속 나는 말 없이 울었다, 그러나 눈물은 전시되지 않았다. 그 침묵은 내 이름을 몰랐고, 나는 존재보다 연출된 나를 익숙해했다.

감정의 롤러코스터

아침엔 구름 같았다. 점심엔 번개였다. 밤엔 깊은 바다였다. 감정은 하루를 드라마처럼 연출했고, 나의 표정은 채널을 돌려대는 리모컨이었다. 슬픔은 갑자기 웃음과 입 맞추었고, 기쁨은 의심 속에 비틀거렸다. 나는 오르내리는 이 감정의 궤도를 타며 안전벨트를 걸 수 없는 나를 껴안았다.

꺾인 감정의 구조

우산을 폈다
하지만 바람은 내 감정보다 강했고
철제 뼈대는 찢어지며
마치 너의 말처럼 날카롭게 꺾였다
비는 몸보다
마음부터 적시기 시작했고
돌아버린 우산은
나를 지켜주는 것이 아니라
나를 드러내는 구조가 되었다
감정은 그렇게
방어보다 드러냄으로 흘렀고
나는 비를 막지 못한 채
속을 들킨 사람처럼 서 있었다
우산은 더는 피난처가 아니었다
그건 부서진 사랑의 모양이었다.

사랑의 화학반응

손끝이 스쳤을 때, 내 뇌는 실험실이 되었다. 심장은 아드레날린을 분비했고, 시선은 엔도르핀을 끌어당겼다. 나는 감정을 원소처럼 분해하고, 그를 향한 감정은 폭발적이었다. 사랑은 반응식이 없었고, 결과는 늘 예측불허였다.

열림의 숙명

자물쇠를 채우려 했지만
너는 이미 내 마음 안에 들어와 있었다
비밀번호도, 열쇠도 없이
감정은 스며들었다
나는 너를 차단하려 했지만
자물쇠는 감정을 이해하지 못하고
그저 돌아가는 소리만 냈다
닫히지 않는 건
내 고집이 아니라
너를 향한 틈이 만들어낸 숙명
사랑은 감금이 아니라
자발적인 머무름이니까.

별에게 말을 거는 법

밤마다 나는 창밖의 별에게 속삭였다. "오늘은 조금 외로웠어요." 별은 빛으로 대답했고, 그 대답은 무언의 위로였다. 우주는 말을 모른다지만, 내 마음은 그 침묵에서 따뜻함을 찾았다. 별은 눈물이 없지만, 나의 눈물에 익숙해 있었다.

말하지 못한 고백

작고 하얀 데이지를 한 송이 꺾어
가슴속에 눌러 넣었습니다
당신이 내 이름을 불러주기를
말하지 않은 고백만큼
오래 기다렸습니다
데이지는 눈에 띄지 않지만
버텨내는 힘을 가지고 있고
내 사랑도
확신보다 희망으로
자꾸만 피었습니다
지금 데이지 앞에서
나는 아직도
당신의 반응을 기다립니다.

보이지 않는 별

희미한 새벽 사이, 찢어진 봉지 하나 문 앞에 놓인다. 거기에 적힌 말 없는 손길—"오늘도, 버티셨군요."
굽은 허리로 걷는 노인의 그림자에 누군가는 몰래 담요 한 장을 덮고 간다. 그 따뜻함은 이름 없이 그저 바람을 덜어준다.
숨겨진 뒷문에 걸린 쌀 한 자루, 유리창 넘어, 빈 약병이 사라지는 밤. 말없이 지나는 그 사람은 얼굴 대신 마음을 남긴다.
세상이 눈 돌린 곳에서 작은 빛 하나가 꺼지지 않게 누군가는, 자신을 숨기며.

닫힌 기억의 울림

나무 상자는 오래된 마음을 품고 있다
열지도 못하고, 버리지도 못한
과거의 목소리들이 그 안에서 자란다
하얀 편지는 바래지고
테이프엔 떨리는 숨결이 남아 있고
모든 감정은 압축되어
작은 공간 안에 눌려 있다
나는 그 상자를 열 때마다
너의 존재를 다시 꺼낸다
말이 녹아내린 종이 조각들
너의 웃음과 울음이 뒤섞여 있다
기억은 다치지 않으려
상자에 숨었다
나는 아직 그 안에 너를 두고
혼자서 자물쇠를 확인한다.

제목 : 닫힌 기억의 울림
시낭송 : 박영애
스마트폰으로 QR 코드를 스캔하면
시낭송을 감상할 수 있습니다

감정의 잔량

나는 전원을 꽂았지만
심장은 여전히 배터리 부족
감정은 깜빡이는 아이콘처럼
완전히 충전되지 않았다
너는 내 연결 케이블이었고
나는 네 반응속에서
기다림을 데이터처럼 소비했다
충전 중이라는 말은
곧 살아날 거란 희망처럼 들리지만
나는 점점
충전의 의미보다
대기라는 현실에 익숙해졌다.

부재의 구조물

그 자리는 네가 앉던 자리였다
나무로 된 의자엔
네 체온이 가만히 남아 있었다
나는 그 의자 앞에 서서
널 다시 불러보려 했지만
의자는 말이 없었다
마치 기억은 공간을 남기고 떠난 듯
하루 종일 아무도 앉지 않던 그 자리
햇빛만 너의 자리 위를 스쳐 갔다
너의 부재는 기념비 같았고
그 의자는 슬픔의 구조물이었다
나는 앉지 않았다
앉을 수 없었다
그건 너를 앉혀두기 위한 자리였기에.

숨겨진 말

내가 했던 말들은 너의 등 뒤에서 자란다. 그림자는 의심처럼 길어지고, 너는 고개를 돌리지 않는다.
남겨진 단어들이 바닥에 떨어지고, 나는 하나하나 줍다가 울음을 꾹 삼킨다. 바람이 말을 흩트려버리고, 너는 기억조차 하지 않는다.
언젠가 내 말들이 너의 꿈에 스며들기를, 그림자처럼 조용히 다가가길. 말은 결국 마음에서 자란 것이라, 너의 등 뒤에 남겨진 나의 온기였다.

청소기의 기도

나는 세상의 먼지를 마주하며
침묵 속에서 묵묵히 달립니다
바닥에 흩뿌려진 하루의 흔적들 속에는
때로는 지워지지 않는 슬픔도 함께 엉켜 있지요
모든 것을 빨아들이고 나면
조금은 맑아진 공기가 당신의 마음에도 닿기를 바랍니다
청소라는 행위는,
보이는 것을 지우는 일 같지만
사실은 보이지 않는 마음까지
다시 깨끗이 되돌리는
작은 기도 같은 일이기도 합니다

빈자리

바람이 지난 자리는 아무것도 없다.
그러나 나는 그 공백에서 너를 본다. 그대가 남긴 체온처럼 따뜻한 흔적.
나뭇잎은 네 이름을 속삭이다 흩날리고, 창문 틈 사이로 너의 숨결이 날아든다. 나는 바람을 따라 가다, 결국 그 자리에 멈춘다.
그곳엔 아무도 없었지만 모든 게 너 같았다. 잔잔한 공기의 떨림조차 나에게 말을 거는 듯했다.
바람은 지나가도 감정은 남는다. 그게 너였다.

그리움이 피는 방식

당신이 내게 머물렀던 자리에
나는 붉은 장미를 꺼냈습니다
가시보다 먼저 피어난 향기는
내 마음의 가장 날카로운 부분을 닮아 있었고
사랑은 뜨겁게 피었지만
손에 쥐기엔 너무 아팠고
그리움은
꽃잎이 말라가는 속도로
내 기억을 물들였습니다
장미는
예쁘게 시들지만
아프게 피어나는 방식으로
당신을 닮았습니다.

제목 : 그리움이 피는 방식
시낭송 : 박영애
스마트폰으로 QR 코드를 스캔하면
시낭송을 감상할 수 있습니다

감정의 반사면

거울 위엔 너의 손자국이 남아 있다
닦아도 지워지지 않는
마치 말하지 않은 감정처럼
빛 속에 숨어 있다
나는 나를 비추려 했지만
너의 시선이 먼저 떠올랐다
반사된 얼굴은
너의 기억을 입은 채 낯설었다
거울은 비추는 것이 아니라
기억을 반사하는 면이다
손때는 광택보다 진한 감정의 유산
그 위에 나는 나를 찾아 헤맨다.

고의로 남긴 상처

너는 상처를 보고도
반창고를 붙이지 않았다
치료보다 관찰을 택한
그 감정의 무책임
나는 아물기를 기다리며
고통을 눌러 앉았고
피보다 침묵이 먼저 마를 줄 알았다
붙이지 않은 반창고 위에서
상처는 네가 건네지 않은
위로의 모양을 닮아
천천히
슬픔으로 감염되었다.

뒤집힌 낮

창문은 밤을 닮았다. 검은 유리 속에 은은한 낮의 기억이 스며든다. 나는 오늘의 고요함 속에서 어제의 너를 떠올린다.
커튼 사이로 달빛이 스며들고, 그 빛은 너의 웃음과 닮아 있다. 나는 눈을 감지만, 꿈은 눈을 뜨고 너를 바라본다.
낮에 품었던 말이 밤에 와서야 입을 열고, 침묵은 꿈 속에서 노래가 된다. 창밖의 별은 오늘만을 비추지만 나는 늘 너를 향해 반짝인다.

피어난 마지막 인사

당신이 떠난 자리에
나는 흰 백합을 놓았습니다
말보다 고요함을 품은
순백의 꽃잎은
그 어떤 대답도 묻지 않았습니다
한 송이 피어날 때마다
당신의 눈을 닮은 고요가 생겼고
내가 하지 못한 인사는
꽃잎 아래 눌러 앉았습니다
백합은 향기로 말했고
나는 침묵으로 울었습니다
당신은 사랑이라 말하지 않았지만
나는 백합 앞에서야
그 말을 들었습니다
우리는 끝내
손을 잡지 못한 사이였지만
그 흰 꽃 하나로
영혼만큼은 닿았습니다.

제목 : 피어난 마지막 인사
시낭송 : 박영애
스마트폰으로 QR 코드를 스캔하면
시낭송을 감상할 수 있습니다

되돌아보는 발자국

돌길 위에 떨어진 발자국, 그곳에서 나는 내 과거를 만난다. 길은 아무 말 없지만 내 마음을 따라 울퉁불퉁하다.
매번 걷던 그 길에서 나는 나를 다시 바라보고, 너와 걷던 순간이 무심한 나무 그림자 속에 숨어 있다.
시간이 지나도 바뀌지 않는 건 길이 아니라 그 길에 남은 감정. 내가 걷던 흔적이 언젠가 나를 위로할 수 있다면, 나는 그 길을 다시 걷겠다.

되돌아온 편지

보내도 되돌아온다는 것은
그 마음이 도착하지 못했다는 뜻만은 아니다
그건 부재의 주소를 향해
꾹 눌러 쓴 진심이
너에게 갈 수 없다는 숙명의 고백이다
나는 우표보다 무거운 침묵을 붙여
너의 이름 앞에서
재차 망설였고
사랑의 문장을 다 접은 후에도
'전달불가'라는 도장이
내 심장에 찍혔다
반송된 감정은
내 서랍 속을 서성이다
언젠가는 다시 부칠 수 있기를 기다린다
왜 어떤 사랑은
도착하지 못하고
언제나,
되돌아오면서 더 깊어지는 걸까.

세탁되지 않은 하루

빨래통 속, 접혀 있던 하루들이
말보다 깊은 얼룩을 숨기고 있었다
잊었다고 생각한 감정들은
실밥 속에 눌려 앉아
여전히 쉬고 있지 않았다
나는 세탁 버튼 앞에서
결정을 미루었다
감정을 씻는다는 건
기억의 향기를 없애는 일 같았고
그게 왠지,
너를 덜 사랑하는 것 같았으니까
결국 나는
그 빨래를 한 번 더 접었다
그 날의 마음과 함께.

남은 손글씨 한 줄

낡은 공책 속, 너의 필체가 살아 있었다. 지우개는 힘을 잃고 감정은 종이에 눌러 앉았다.
한 줄의 문장이 나의 하루를 송두리째 흔들었다.
"나를 기억하지 않아도 좋아."
나는 그것을 여러 번 읽었고 지우려다 결국 덮었다. 글씨는 사라지지 않았고 나는 네 마음에 밟히기 시작했다.
그 후로 나는 모든 문장을 다시 쓰지 못했다.

사라진 주파수

라디오는 오늘도 소리를 낸다
하지만 내가 찾는 목소리는 없다
그는 어딘가에 있을 것 같았지만
파장은 늘 절반쯤 어긋났다
당신은 어느 주파수에 살고 있었을까
내 생각은 잡음처럼 섞이고
당신의 이름은 노랫말 속 모음처럼 떠올랐다
버튼을 돌릴 때마다
내 마음도 주기적으로 흔들렸고
그 진동은 가슴을 들쑤시다
어느 날 갑자기 멈췄다
그 주파수는 끊긴 것이 아니라
내 안에서 사라졌을 뿐
지금도 간혹
내 심장이 옛 음악을 기억해낸다

먼 궤도

너를 바라볼 땐 언제나 거리가 있었다. 망원경 너머, 너는 내게 너무 선명했다.
가까이 다가갈수록 너는 더 흐려졌고 나는 초점 밖에 머물렀다.
당신은 행성이었고 나는 관측자였다. 닿을 수 없는 빛을 내 마음에 담으려 했지만,
결국 너는 다른 궤도를 도는 감정이었다.

멈춘 시계의 오후

고장 난 시계는 오후 세 시를 품고, 방 안엔 아직 커피 향이 헤엄쳐 다닌다. 바람은 창문 밖 나뭇잎을 잠시 멈추고, 시간은 물속처럼 느릿한 맥박으로 흐른다.
당신의 발걸음은 여전히 이 방을 모르고, 나는 당신 없는 시간을 손끝으로 만진다. 해는 같은 자리에서 한숨을 쉬고, 그림자는 늘어진 기억을 끌고 간다.
멈춘 바늘은 어제와 오늘을 겹쳐 놓고, 우리의 대화는 침묵 속에서 자라난다. 말하지 못한 인사말이 시계 뒤에 숨어 있고, 그 순간을 영원으로 착각한 내 마음은 당신이 머무는 듯 조용히 울고 있다.

풍경 소리

창가에 매달린 작은 종은
바람이 너를 데려오듯 울었다
너는 말이 없었지만
그 울림엔 너의 목소리가 있었다
하루의 끝자락에
바람은 짧은 편지를 남기고 갔고
나는 그 떨림을 감정처럼 들었다
풍경은 너의 이별을 이야기했고
나는 손끝으로 그 소리를 가만히 만졌다
찬란했던 것들이
보이지 않는 통증으로 울리고 있었다
세상은 조용했지만
종은 다시 울렸다
마치 나를 깨우듯이.

흐려진 마음의 경계

바깥은 분명히 존재했지만
나는 그것을 선명히 보지 못했다
유리창은 김에 덮였고
너와 나 사이도
그렇게 흐릿해졌다
나는 손바닥으로
창을 문질렀지만
너의 풍경은
닦이지 않았다
온기보다
불확실이 더 따뜻하게 느껴지는 날
김 서린 유리창 속 나는
내 감정을 바라보지 못한 채
너를 상상했다

숨겨진 말의 그림자

내가 했던 말들은 너의 등 뒤에서 자란다. 그림자는 의심처럼 길어지고, 너는 고개를 돌리지 않는다. 남겨진 단어들이 바닥에 떨어지고, 나는 하나하나 줍다가 울음을 꾹 삼킨다. 바람이 말을 흩트려버리고, 너는 기억조차 하지 않는다.
언젠가 내 말들이 너의 꿈에 스며들기를, 그림자처럼 조용히 다가가길. 말은 결국 마음에서 자란 것이라, 너의 등 뒤에 남겨진 나의 온기였다.

제목 : 숨겨진 말의 그림자
시낭송 : 박영애
스마트폰으로 QR 코드를 스캔하면
시낭송을 감상할 수 있습니다

빈자리에 남은 흔적

바람이 지난 자리는 아무것도 없다. 그러나 나는 그 공백에서 너를 본다. 그대가 남긴 체온처럼 따뜻한 흔적.
나뭇잎은 네 이름을 속삭이다 흩날리고, 창문 틈 사이로 너의 숨결이 날아든다. 나는 바람을 따라가다, 결국 그 자리에 멈춘다.
그곳엔 아무도 없었지만 모든 게 너 같았다. 잔잔한 공기의 떨림조차 나에게 말을 거는 듯했다.
바람은 지나가도 감정은 남는다. 그게 너였다.

제목 : 빈자리에 남은 흔적
시낭송 : 박영애
스마트폰으로 QR 코드를 스캔하면
시낭송을 감상할 수 있습니다

멈춘 만년필

검은 잉크가 말라갈 때
나는 너에게 쓰려던 마지막 문장을
손끝에 남긴 채 멈춰섰다
말보다 깊은 침묵이
종이 위에서 너를 기억했다
문장은 끝나지 않았지만
감정은 종결되었고
활자가 되지 못한 마음들이
구겨진 종이처럼 가슴에 접혔다
만년필은 더는 흐르지 않았지만
그 무게는 여전히 손에 남았고
나는 그 울림을
잉크 없이 눌러 쓰곤 했다
마지막 행은 쓰이지 않았기에
너는 아직 끝나지 않았다.

제목 : 멈춘 만년필
시낭송 : 박영애
스마트폰으로 QR 코드를 스캔하면
시낭송을 감상할 수 있습니다

뒤집힌 낮의 꿈

창문은 밤을 닮았다. 검은 유리 속에 은은한 낮의 기억이 스며든다. 나는 오늘의 고요함 속에서 어제의 너를 떠올린다.
커튼 사이로 달빛이 스며들고, 그 빛은 너의 웃음과 닮아 있다. 나는 눈을 감지만, 꿈은 눈을 뜨고 너를 바라본다.
낮에 품었던 말이 밤에 와서야 입을 열고, 침묵은 꿈 속에서 노래가 된다. 창밖의 별은 오늘만을 비추지만 나는 늘 너를 향해 반짝인다.

어긋난 감정의 형상

너와 나를 맞추려 애썼지만
그 조각은 끼워지지 않았다
모양은 비슷했지만
결은 달랐고
나는 날카로움을 둥글게 깎으며
어긋남을 사랑하려 했다
퍼즐은 완성되지 않았고
테이블 위엔
갈 곳을 잃은 조각 하나
지금도 네 옆자리는 비어 있고
나는 여전히
내 모양을 바꾸는 연습을 한다.

손목시계

작동을 멈춘 너는
시간을 새긴 화석처럼 조용하다
누군가의 손목을 감싸던 기억은
낡은 가죽 줄에 오래도록 잠들어 있고
매일 아침을 알리던 진동도
이젠 아무것도 요구하지 않지만
네 심장은 가끔씩 꿈을 꾼다
약속을 지키던 충실한 틱 소리의 꿈
나는 그날 오후를 떠올린다
너는 햇빛 아래 눕혀져 있었고
나는 네 속에서 지나간 시간을 읽었다
지금은 박제된 순간들만 남아
너는 여전히 시간을 이해하는 존재
비록 현재를 지우고 나서야
과거를 완성할 수 있었지만.

입술보다 붉은 마음

너를 사랑한다는 건
나를 삼키는 불꽃을 키우는 일이었다
감정은 입술보다 붉었고
매일 아침, 속눈썹 사이로 널 떠올렸다
너의 그림자는 내 그림자가 되었고
발소리는 기억보다 먼저 내 가슴을 울렸다
사랑은 늘 조용한 쪽에서
나를 들썩이게 했다
너에게 닿지 못한 말들은
밤마다 별빛을 훔쳐 와
네 꿈 속에 침입하는 무단 감정이 되었다
나는 여전히 너를 사랑한다
그 사랑은 향수처럼 남아
누구도 모르게 나를 채운다.

제목 : 입술보다 붉은 마음
시낭송 : 박영애
스마트폰으로 QR 코드를 스캔하면
시낭송을 감상할 수 있습니다

로그아웃되지 않은 유령

임세훈 제3시집

2025년 9월 3일 초판 1쇄
2025년 9월 5일 발행
지 은 이 : 임세훈
펴 낸 이 : 김락호
디자인 편집 : 이은희
기   획 : 시사랑음악사랑
연 락 처 : 1899-1341
홈페이지 주소 : www.poemmusic.net
E-Mail : poemarts@hanmail.net

정가 : 10,000원
ISBN : 979-11-6284-608-7

저작권자와 맺은 특약에 따라 검인은 생략합니다.
잘못된 책은 교환해 드립니다.